PASTOR POTTERS PUNKTE

TEIL II.

Ellis Potter

© 2022 ELLIS POTTER

Das Werk, einschließlich seiner Teile, ist urheberrechtlich geschützt. Jede Verwertung außerhalb der Grenzen des Urheberrechts ist ohne Zustimmung des Verlages unzulässig. Das gilt insbesondere für die elektronische oder sonstige Vervielfältigung, Übersetzung, Verbreitung und öffentliche Zugänglichmachung. Ausgenommen sind kurze Zitate innerhalb von kritischen Artikeln und Buchrezensionen. Weitere Informationen: info@destineemedia.com

Es wurde angemessene Sorgfalt aufgewendet, um Originalquellen und Copyright-Inhaber aufzuzeigen. Sollte eine Zuordnung falsch oder unvollständig sein, bittet der Verlag um schriftliche Mitteilung, um zukünftige Auflagen korrigieren zu können.

Verlag: Destinée Media
www.destineemedia.com

Umschlagsentwurf Peter Wonson
Umschlag und Innenteil Istvan Szabo, Ifj.
Formatierung Istvan Szabo, Ifj.
Aus dem Amerikanischen von Markus Thiel und Ralf Hadersberger

Alle Rechte liegen beim Autor.
ISBN 978-1-938367-68-7

Inhaltsverzeichnis

200% Wirklichkeit	11
90% >100%	12
Abendmahl	13
Amen	14
Die Bedeutung von Bedeutung	15
Bedingungslose Liebe	16
Berufung	17
Beschränkungen	18
Bindung und Freiheit	19
Blasphemie	20
Bund	21
Bürgerrecht im Himmel	22
Christentum ist gewöhnlich	23
Christlicher Patriotismus	24
Cyberspace	25
Ein Gleichnis von Schmerz und Heilung	26
Eins, Zwei oder Drei?	27
Das Ende ist nah!	28
Engel	29
Erde, Luft, Feuer und Wasser	30
Fasten	31
Folge deinem Herzen	32

Fragen als Segen 33
Freiheit zu Versagen 34
Fundamentalismus 35
Gastfreundschaft 36
Gebet und Fahrradfahren 37
Geheiligt werde Dein Name 38
Geistliche Aktivitäten 39
„Geistliche" Verbindungen 40
Der Geist weht und schwebt 41
Gerechtigkeit 42
Gerechtigkeit und Liebe 43
Gleichheit 44
Gleichnis eines Opfers 45
Das Gleichnis von der Mutter und dem Jungen 46
Glück 47
Gnade 48
Gottes Gesetz der Liebe 49
Gottes Verheißungen 50
Gottes Wort verstehen 51
Grenzen der Freiheit 52
Heiliger Eigennutz 53
Ich weiß nicht 54
„Ich weiß was ich mag." 55

Im Frieden sein oder sich nicht kümmern? 56
Information 57
In Gebet investieren 58
Jesus ist die Antwort 59
Kontrovers 60
Kultur 61
Lesen und Zuhören 62
Liebe und Vertrauen 63
Männlich und Weiblich 64
Menschen sind gut 65
Migration 66
Misstrauen 67
Nähere dich Gott 68
Nichts ist sicher 69
Not 70
Offenbarung 71
Ozean 72
Persönliche Güte 73
Die Problematik des Bösen 74
Die Problematik des Guten 75
Prüfen und Versuchen 76
Prüft alles 77
Rasse 78
Relevant 79

Religion 80
Religion oder Götzendienst 81
Risiko und Vertrauen 82
Schönheit 83
Seid dankbar in allen Lebenslagen 84
Selbstreferenzialität 85
Sieg während COVID 86
Stolz 87
Der Tempel des Heiligen Geistes 88
Trost 89
Unseren Nächsten zu lieben ist Gott lieben 90
Unseres Bruders Hüter 91
Unterhaltung und Erziehung 92
Ursache und Wirkung 93
Vertrauen und Panik 94
Vertrauen und Zuversicht 95
Von unseren Gefühlen lernen 96
Vorherbestimmung 97
Warum? 98
Was ist mit jenen, die nie gehört haben?
  (Teil I) 99
Was ist mit jenen, die nie gehört haben?
  (Teil II) 100
Weisheit 101
Wert und Verlangen 102

Wie wir wissen 103
Wollen, was Gott will............................. 104
Worte und Gefühle 105
Die Wünsche unseres Herzens 106
Ziviler Ungehorsam............................... 107
Zorn und Paranoia 108
Zufall 109
Zwei Arten von Menschen 110

Einleitung

Die Einschränkungen aufgrund des Covid Virus haben sich in das Jahr 2021 fortgesetzt, somit wurden auch die täglichen E-Mails an die Kirche in Lausanne fortgesetzt, in der ich Pastor bin. Jede E-Mail enthielt einen Abschnitt aus der Bibel zum gemeinsamen Lesen und einen pastoralen Gedanken oder Impuls. Diese Gedanken wurden gesammelt und sind in diesem zweiten Band von Pastor Potters Punkte enthalten.

Die Punkte stammen meistens original von mir, manche habe ich woanders gelesen und an meine Perspektive oder Anwendung angepasst. Sie können für die tägliche Meditation verwendet werden, oder für Diskussionsgruppen in jeder beliebigen Reihenfolge und Zusammenstellung.

Das Buch enthält 100 Punkte mit [im amerikanischen Original] je 100 Worten auf 100 Seiten. Man kann für drei Monate jeden Tag eine Seite lesen und dann wieder von vorn beginnen.

Die Punkte sind in ihrer Bedeutsamkeit, Breite und Tiefe nicht gleich. Je nach eigener Verfassung und Situation können unbedeutendere Punkte am wichtigsten sein. Die Punkte sind sehr kurz, und man müsste sie weiter ausführen. Es sind Anfangspunkte.

Die Punkte wurden komprimiert, damit sie je in einen Paragraphen mit ungefähr 100 Worten passen. Sie sollten wie ein Prosagedicht oder erweitertes Haiku gelesen werden.

Viele diese Punkte entstanden, weil Menschen Fragen gestellt haben. Manche der Punkte sind Ihnen vielleicht bekannt oder selbstverständlich. Manche sind vielleicht neu.

Nicht jeder wird mit allen Punkten übereinstimmen. Machen Sie sich keinen Stress, denken und beten Sie einfach darüber. Oder schreiben Sie über das gleiche Thema einen besseren. Zahlreiche Punkte basieren auf einer Bibelarbeit, allerdings wurden die Bibelstellen nicht aufgeführt, da es oft zu viele wären. Die Punkte sind biblisch, aber nicht sehr konfessionell oder politisch orientiert.

Ein paar dieser Punkte werden auch in meinen anderen Büchern behandelt.

Ellis Potter, Basel 2021

200% Wirklichkeit

Die naturalistische Wissenschaft hat uns beigebracht, die Wirklichkeit im Sinne von 100 % zu verstehen. Wenn wir aber Themen wie Gottes Souveränität und den freien Willen des Menschen in ein zweidimensionales Kuchendiagramm pressen, lässt sich das nicht wirklich gut aufteilen. Entweder führt es dazu, dass es keine Souveränität gibt, oder keinen freien Willen. Die Bibel hingegen addiert eine 100 %-ige übernatürliche Realität dazu. Wenn wir ein dreidimensionales Kugeldiagramm wählen, erhalten wir eine 100%-Ebene der Souveränität, und eine [um 90° gedrehte] 100%-Ebene des freien Willens. Souveränität und freier Wille stehen nicht im Wettstreit um Raum, sie ergänzen einander in einer Ehe-Beziehung. Christen sind nicht Gott gleich. Sie sind 100%-ig hingegeben und entschieden.

90% >100%

„90% ist mehr als 100%" ist in der Mathematik von Raum und Zeit keine wahre Aussage. Im Königreich Gottes stimmt sie jedoch auf wundersame Weise. Das Neue Testament gebietet nicht, den Zehnten zu geben, aber das großzügige und fröhliche Geben. Den Zehnten zu geben wird im Neuen Testament nicht geboten. Großzügig und fröhlich zu geben jedoch schon. Vom eigenen Einkommen zehn Prozent (brutto oder netto) zur Seite zu legen, um es wegzugeben, ist für uns eine Investition in die Ewigkeit. Auf mysteriöse Weise scheint es auch im Hier und Jetzt Frieden und finanzielle Sicherheit zu bringen. Viele Christen haben Angst, das auszuprobieren, weil ihr Glaube schwach ist. Betrachte es nicht als Opfer, betrachte es eher als Investition. Probiere es aus.

Abendmahl

Das Abendmahl ist eine Familienmahlzeit, welches diejenigen gemeinsam feiern, die an Jesus glauben, um Seiner Fleischwerdung und Seinem Opfer zu gedenken, und um Gemeinschaft zu haben. Essen und Trinken sind ganz gewöhnliche Dinge und grundlegend für das menschliche Leben. Jesus gab uns keine natürliche Nahrung wie Quellwasser oder Beeren, sondern kunstvolle Dinge – Brot und Wein. Wir nehmen etwas aus Gottes Schöpfung, üben unsere Herrschaft aus, indem wir es kreativ verändern, und bringen das Ergebnis mit zur Mahlzeit. Dieses Mahl ist nur für diejenigen, welche die Kraft von Leib und Blut Jesu anerkennen, und beides brauchen für Vergebung, Heilung und neues Leben.

Amen

„Amen" ist ein hebräisches Wort und bedeutet "Ja" oder „Das stimmt". Wenn wir mit Anderen beten sagen wir „Amen", wenn wir mit dem Gebet übereinstimmen, und wir sagen nicht „Amen", wenn wir damit nicht übereinstimmen oder uns nicht sicher sind. Wenn wir alleine beten, ist „Amen" so etwas wie eine Unterschrift am Ende eines Briefes. Wenn andere beten oder eine Aussage treffen, ist „Amen" zu sagen das gleiche, wie ihren Brief mit zu unterzeichnen. „Amen" zu sagen sollte nicht automatisch oder gedankenlos geschehen. Amen bedeutet nicht „Hm-hm" oder „passt schon". Es bedeutet „Ja". Wir sind vor Gott verantwortlich, sorgfältig darauf zu achten, was gesagt oder gebetet wird und entsprechend zuzustimmen oder nicht.

Die Bedeutung von Bedeutung

Bedeutung bedeutet Beziehungen. Das bedeutet, dass nichts in sich selbst Bedeutung hat. Die Bedeutung der Farbe Rot liegt nicht in der Farbe Rot, sondern in seinen Beziehungen zu Grün, Blau, Gelb usw. Die Bedeutung von Adam in der Schöpfungsgeschichte lag auffälliger Weise eben nicht in ihm selbst (es ist nicht gut, dass der Mensch allein ist). Die Bedeutung von Adam leitet sich aus seiner Beziehung zu Gott (die aber nicht ausreicht) und zu Eva ab. Die Bedeutung von Jesus ist nicht in Jesus selbst, sondern in Seinen Beziehungen zum Vater und zum Heiligen Geist. Bedeutung ist eine Funktion der Liebe.

Bedingungslose Liebe

Gefühle verändern sich durch unterschiedliche innere und äußere Einflüsse. Liebe ist viel größer als Gefühle. Liebe ist die Entscheidung, zu handeln und zur Verfügung zu stehen, um den geliebten Menschen dabei zu unterstützen, so zu werden, wie Gott es von ihm möchte. Gott steht immer und vollständig zur Verfügung und handelt so, dass wir wahrhaftig in Sein Ebenbild verwandelt werden. Die Wirksamkeit von Gottes Liebe und unserer Liebe ist davon abhängig, inwieweit der geliebte Mensch sie annehmen kann. Gefühle können wahre Liebe unterstützen oder behindern. Liebe ist nicht etwas, das uns passiert. Sie ist etwas, wofür wir uns entscheiden. Strebe danach, in allen Umständen die Liebe zu wählen.

Berufung

Es gibt gewöhnliche, allgemeine Berufungen, die allen Christen gemein sind, und spezielle Berufungen für jeden einzelnen von uns. Die allgemeinen Berufungen, die unserem Leben Ordnung geben, bestehen darin, an Jesus zu glauben, Gottes Kind zu werden, einander zu lieben und die Früchte des Geistes hervorzubringen. Die speziellen Berufungen beinhalten verheiratet zu sein, Medizin zu studieren oder Klempner zu werden, ein Amt in der Kirche inne zu haben, ein treuer und zuverlässiger Arbeitnehmer zu sein, in die Mission zu gehen, eine NGO zu gründen. Wenn unser Fokus auf einer speziellen Berufung unsere Liebe zu anderen behindert, dann verlieren wir die Verbindung zur allgemeinen Berufung und unser Leben gerät in Unordnung. Sich auf das Wesentliche zuerst zu konzentrieren bringt Segen.

Beschränkungen

Die Menschen fühlen sich immer mehr von Beschränkungen angegriffen und beanspruchen immer mehr Freiheit für ihr Leben, besonders hinsichtlich ihrer Identität. Wenn jemand die Freiheit erhält, ein Auto zu fahren, muss er mehrere strikte Beschränkungen erlernen und sich an sie halten. Freiheit von diesen Beschränkungen bedeutet den Tod für den Fahrer und für andere. Die Freiheit, eine menschliche Sprache benutzen zu können, erfordert, dass man sich vielen Beschränkungen unterwerfen muss, ansonsten wird keine Kommunikation möglich sein. Beschränkungen geben der lebendigen Wahrheit unserer Freiheit die Form. Gott legt uns viele Beschränkungen in der Bibel auf. Diese sollen das Leben nicht kleiner machen, sondern es ermöglichen und klar definieren. Akzeptiere Gottes Beschränkungen und lebe.

Bindung und Freiheit

Es war einmal ein Mann, der wusste sein ganzes Leben lang durch den Glauben und seine Erfahrungen, dass Verlangen und Bindung zu Leid führen. Seine Hoffnung war, dass er nach vielen Lebenszeiten Befreiung erlangen könnte, indem er das absolute Einssein erkennen würde. Dann traf ihn der ungeschaffene Schöpfer, einer und viele, und versprach ihm ein neues Selbst. Der ungeschaffene Schöpfer entleerte sich selbst in den Mann, und er wurde zu einem neuen, ein auf den anderen zentriertes Selbst. Dann erwachte er und erkannte, dass er das Verlangen nach Wahrheit und Bindung an geliebte Menschen haben konnte, ohne bist in alle Ewigkeit leiden zu müssen. Seine Befreiung war ein Geschenk, keine Errungenschaft.

Blasphemie

Es ist nicht gut zu fluchen oder Gottes Namen auf dumme Weise zu verwenden. Wenn es zur Gewohnheit wird, wirkt es wie eine destruktive Infektion unserer Sprache. Blasphemie bedeutet eigentlich, dass wir Gottes Namen für unsere eigene Eitelkeit verwenden. Wenn wir sagen „Gott hat mir gesagt..." bei Dingen, die wir uns vorstellen oder uns wünschen, ist das in etwa so, wie wenn man Gottes Unterschrift unter etwas setzt, was man sich selbst ausgedacht hat. Das ist dann eine Fälschung und kann manipulativ sein. Wir erschaffen Gott im Ebenbild unserer eigenen Vorstellung. Blasphemie ist eine falsche Prophezeiung, die in der Gemeinschaft Seines Volkes Verwirrung über Ihn stiftet. Vermeide Blasphemie.

Bund

Ein Bund ist wie das Arbeitsplatzangebot eines Firmenbesitzers. Der Besitzer bietet Zugehörigkeit, Schutz, Gemeinschaft, Versicherung, produktive Arbeit und einen Rentenplan an. Der Besitzer gibt sich selbst durch ethische Prinzipien, die ein Ausdruck Seiner selbst sind, und gibt uns den Auftrag, Seine Wahrheit in der ganzen Welt zu verbreiten. Unser Teil besteht darin zu glauben, dass der Besitzer und die Firma gut und wahr sind, und uns vertrauensvoll zu verpflichten, gemäß der Firmenrichtlinien zu leben. Nach anderen Prinzipien in der Firma zu leben funktioniert nicht. Wir können diesen Bund nicht perfekt einhalten, aber Jesus konnte das, und wir können an Seiner Perfektheit Anteil haben.

Bürgerrecht im Himmel

Sie sagten dem kleinen Jungen, dass hoch oben im Schrank ein Geschenk für ihn aufbewahrt werde. An seinem Geburtstag würde er dann nicht hochklettern, um es sich zu holen, sondern es würde zu ihm gebracht werden. Unser Bürgerrecht wird für uns im Himmel aufbewahrt. Wir werden nicht in den Himmel gehen, um es uns zu holen. Wenn Jesus erscheint und Gottes Königreich kommt, wird Er es uns hier auf die Erde bringen. Gottes Königreich ist Sein Wille. Wir sollen so leben, dass Sein Königreich in unseren Herzen, unserem Leben und unseren Beziehungen jeden Tag immer mehr Raum einnimmt, während wir warten.

Christentum ist gewöhnlich

Zum Glauben an Jesus Christus zu kommen und wiedergeboren zu werden war für ihn das Außergewöhnlichste, was er jemals erlebt hatte. Er war sehr aufgeregt und versuchte, diese spannende Erfahrung und Emotion zu wiederholen. Das war sehr anstrengend und manchmal musste er sich selbst und anderen etwas vorspielen. Langsam erkannte er, dass die besonderen Dinge ihm nicht die Ordnung und Stabilität gaben, die er brauchte. Die gewöhnlichen, treuen Werte und Gewohnheiten des Christentums wurden zum verlässlichen Fundament seines Lebens. Besondere Erfahrungen sind für besondere Gelegenheiten angemessen. Die gewöhnlichen Dinge verleihen unserem Leben ständige, treue Güte.

Christlicher Patriotismus

Wie können wir Christen unser Land lieben? Wir können für die Leiter beten, selbst wenn sie uns verfolgen. Unsere Ehen wertschätzen und dafür kämpfen. Zufällige Akte der Freundlichkeit begehen. Die Kontrolle übernehmen, indem wir die zweite Meile mitgehen. Unsere Nächsten im Namen Jesu durch Handlung und Wort segnen. Lieber eine kleine Kerze anzünden, als lautstark die Dunkelheit verfluchen. Uns den Ruf verdienen, ein Vorbild zu sein für harte Arbeit, Hilfsbereitschaft und Verlässlichkeit. Bete und suche nach Wegen, ein Teil der Lösung zu sein und nicht des Problems. Verlass dich eher auf Gott, dich selbst und auf andere als auf staatliche Hilfe.

Cyberspace

Der Cyberspace ist für die meisten von uns etwas Mysteriöses. Ebenso verhält es sich mit dem übernatürlichen Teil der Wirklichkeit. Das Leben ist hart und gefährlich. Der Tod ist einfach. Weder die physische Welt noch der Cyberspace oder die übernatürliche Welt bieten von sich aus Sicherheit. Sicherheit finden wir nur in Jesus, und Er ist stets bei uns. Wenn wir Zeit verbringen im Cyberspace (was immer das auch ist), müssen wir uns an Jesus erinnern, Ihm nahe bleiben und Ihn in unsere Aktivitäten einbinden. Wir befinden uns stets in Gottes Gegenwart und sollten nicht daran denken, diesbezüglich eine Pause zu machen. Wir wollen nicht, dass Gott von uns eine Pause macht!

Ein Gleichnis von Schmerz und Heilung

Es war einmal ein kleines Mädchen, das wurde auf vielfältige Art verletzt, abgelehnt und herumgestoßen. Es baute deshalb um sich herum eine Mauer, und schloss damit den Schmerz aus. Ihr höchstes Ziel war die Vermeidung von Schmerz. Daraus entstanden neue Probleme in Form von Einsamkeit, Ängsten und Sorgen. Sie war unglücklich, und es ging ihr nicht gut. Dann erkannte sie, dass sie versucht hatte, ihr eigener Gott und Beschützer zu sein und dass sie sich dadurch verkrüppelt hatte. Sie kehrte um zu Gott in Buße und erfuhr Vergebung. Sie wandte sich an Gott im Vertrauen auf Seinen Schutz und wahre Identität in Jesus Christus, und der Heilungsprozess begann.

Eins, Zwei oder Drei?

Wenn „alles Eins ist", sind alle Beziehungen böse und nicht real. Wenn alles Zwei ist, dann gibt es keine Subjektivität, nur Dualität. Für Adam war es nicht gut, allein zu sein, denn: „Gott allein ist Gott und Gott ist nicht allein". Nur der Gott der Bibel ist eine vernünftige Grundlage und Erklärung für die Realität, die wir erleben. Gott ist Liebe, weil Er Drei ist und unter sich selbst liebt. Wegen Gott gibt es Güte in unserer bösen und zerfallenden Welt. Vertraue auf Ihn, Vater, Sohn und Heiliger Geist. Preise Ihn und bete nur Ihn an. Akzeptiere keinen nachgemachten Ersatz.

Das Ende ist nah!

Viele Christen interessieren sich für und machen sich Sorgen um die Endzeit. Die Menschen fragen: „Sind wir in der Endzeit?" Ja, das sind wir, seit Johannes die Offenbarung geschrieben hat. Er schrieb auch, dass die „letzte Stunde" angebrochen sei, und das vor 2000 Jahren. Das Ende der Welt ist nah! „Ende" bedeutet nicht „Beendigung", sondern Erfüllung oder Zielerreichung. Gott wird die Welt oder Erde zu der Erfüllung Seines Zieles bringen, für das Er sie erschaffen hat. Das Ende ist nah bedeutet eigentlich: Der Anfang ist nah – der Anfang der Erfüllung von Gottes Königreich auf Erden. Dein Reich komme!

Engel

Die natürlichen und die übernatürlichen Teile der Wirklichkeit sind miteinander verbunden. Engel (Malachi) sind Boten Gottes an die Menschen. Menschen können Engel auf unterschiedliche Weise wahrnehmen: als Feuer, als eine Stimme, als eine Person mit oder ohne Flügel. Das Übernatürliche wirkt auf unvorhersehbare Art und Weise in das Natürliche hinein. Die meisten Menschen begegnen Engeln, wissen es aber oft nicht. Engel können sich körperlich manifestieren, den physischen Raum beeinflussen und sogar mit anderen Menschen essen. Engel tragen das Übernatürliche in das Natürliche hinein, um zu lehren, zu warnen, zu ermutigen, zu verkünden. Es ist gut Engeln gegenüber empfänglich zu sein. Wenn du Gottes Wort und Gnade zu den Menschen bringst, dienst du wie ein Engel.

Erde, Luft, Feuer und Wasser

Gott liebt die Erde und hat uns aus ihr erschaffen. Der auferstandene Leib Jesu konnte angefasst werden, er aß und arbeitete. Durch die Luft kommt der Wind des Geistes, der uns zu Jesus führt, uns lehrt und uns heilige Früchte gibt. Der Atem Gottes gibt uns Leben. Feuer reinigt, offenbart oder zerstört. Feuer zeigt uns die Nadel im Heuhaufen unserer Sünden. Wasser verwüstete einst die Erde und reinigt und erfrischt uns heute. Unser Gott herrscht über Erde, Luft, Feuer und Wasser und verwendet sie zur Vollendung Seines Willens.

Fasten

Die Bibel betrachtet das Fasten als einen integralen Bestandteil des Lebens als Christ. Wir können Nahrung fasten, Gespräche, Lesen, Medienzeit, Internet oder andere Dinge. Das Fasten dient in der Regel einem besonderen Zweck, sei es Buße, Danksagung, Entscheidungsfindung hinsichtlich einer Arbeitsstelle oder eines Ehepartners, dem Beitritt einer Gemeinde oder als Vorbereitung für ein Studium. Es kann für uns sein und/oder für andere. Fasten macht uns schwach und hilft uns unser Bedürfnis für Gott zu erkennen. Fasten schärft unseren Verstand und hilft uns zu beten und Gottes Führung zu empfangen. Fasten ist keine Zauberei und sollte nicht als olympischer Wettkampf um Geistlichkeit verstanden werden. Es sollte nicht übertrieben werden, um so nicht unserer Gesundheit zu schaden.

Folge deinem Herzen

Das ist ein sehr beliebter Ratschlag. Er ist Ausdruck des humanistischen Glaubens, dass in jedem von uns etwas Gutes innewohnt, das uns unfehlbar und glaubwürdig in unserem Leben leiten kann, wenn wir nur in uns hineinschauen und es finden. Wenn die Bibel wahr ist, dann ist unser Herz trügerisch, unzuverlässig und nicht vertrauenswürdig. Wir sollen Gottes Wort vertrauen und jeden Impuls unseres Herzens dadurch prüfen. Es ist sehr attraktiv zu glauben, dass das, was sich richtig anfühlt, auch richtig ist. Meine Gefühle sind ein Ausdruck „meiner Wahrheit", die mich jedoch von der Wahrheit jedes Anderen isoliert. Dein Herz sagt dir vieles. Prüfe alles.

Fragen als Segen

Wenn sie mit ungläubigen Freunden oder Verwandten reden, treffen Christen oft Aussagen und erzählen von Erfahrungen. Während diese wahr sein können, können sie jedoch leicht abgelehnt werden. Eine Frage abzulehnen ist hingegen schwieriger. Fragen unterlaufen das Radar und geben dem Heiligen Geist einen Zugang, um im Denken und im Herzen eines Menschen zu wirken. Stellt Fragen über Sinn, Bedeutung, Identität als Gabe, und gebt dem Nachdenken Raum. Wenn Menschen dann Rückfragen stellen, predige Christus, denn sie sind hungrig. Fragen regen den Appetit an. Bitte um effektive Fragen. Liebe deine Nächsten.

Freiheit zu Versagen

Alle Christen sind Sünder und gebrochen. Gott will, dass wir vollkommen sind, aber wir sind es nicht, was frustrierend ist. Wenn Nichtchristen versagen, kann dies ihre selbsterschaffenen Identitäten zerbrechen. Wenn Christen versagen, kann ihnen durch Jesus vergeben werden und Er kann sie wieder aufrichten. Wir wollen in keinerlei Hinsicht versagen, aber Jesus gibt uns die Freiheit zu Versagen ohne in Panik zu geraten und dann in Hoffnung und Vertrauen weiter zu gehen. Wenn du versagst, dann suhle dich nicht in der Scham. Bringe den Fehler offen im Gebet zu Gott. Betrachte den Fehler aus der Perspektive der ewigen Gnade und Liebe Gottes. Empfange Seinen Frieden und Trost und Kraft für das Leben.

Fundamentalismus

Jeder ist ein Fundamentalist und hat grundlegende Prinzipien [Fundamente], nach denen er die Welt und das Leben versteht. Die Grundlagen, die wir beanspruchen, und die Grundlagen, nach denen wir leben, sind oft unterschiedlich. Für einen Humanisten ist es fundamental, dass der Mensch gut ist; für einen Postmodernisten, dass der Mensch sich selbst erfindet; für den Kommunisten, dass Gleichverteilung wichtiger ist als Produktion; für den Kapitalisten, dass Freiheit und Finanzierung elementar sind; für den Christen, dass Wahrheit offenbart ist; für den Atheisten, dass Wahrheit nicht offenbart ist, sondern entdeckt wird. Was sind die Grundlagen in deinem Leben? Bist du ihnen treu oder inkonsistent?

Gastfreundschaft

Gastfreundschaft gegenüber Fremden (Hospes) oder Feinden (Hostis) ist ein normaler Teil des christlichen Lebens. Christliche Gastfreundschaft [Hospitalität] bedeutet, diejenigen willkommen zu heißen, die es brauchen und uns nichts zurückzahlen können. Eine Party für Freunde auszurichten zählt nicht dazu. Menschen können in unser Haus eingeladen werden, in unsere Zeit, unsere Freundschaft. Gastfreundschaft ist vor allem für Glaubensgeschwister da, aber auch für Ungläubige. Sie kann dadurch begrenzt werden, dass die Familie ein besonderes Bedürfnis nach Privatsphäre hat. Die nationale Gastfreundschaft im Alten Testament beinhaltete auch, sich der jüdischen Religion und Kultur unterzuordnen. Wir schaffen eine Kultur für Besucher in unseren Häusern oder Gemeinschaften. Gäste sind nicht dazu eingeladen, unsere Kultur zu prägen. Kultiviere Xenophilie.

Gebet und Fahrradfahren

Es war einmal ein Teenager, der las viele Bücher und Webseiten über das Fahrradfahren. Er dachte, dass er alles darüber wisse. Eines Tages bestieg er das Fahrrad eines Freundes, um damit zu fahren und stürzte. Er erkannte, dass wahre Erkenntnis das Tun beinhaltet. Später las er viele Bücher und Webseiten über Gebet und Nächstenliebe und dachte, er wüsste nun viel darüber. Er begann ein Blog über Gebet zu schreiben und viele Menschen beteiligten sich an der Diskussion. Er begann sich einsam und isoliert zu fühlen und erkannte, dass er tatsächlich beten und Nächstenliebe an der Person üben musste.

Geheiligt werde Dein Name

Ein Name ist nicht einfach nur eine Beschriftung. Er steht auch für den Charakter oder den Ruf. „Geheiligt werde Dein Name" ist kein Kompliment oder eine Feststellung. Es ist die Bitte, dass Gottes Name auf der Erde geheiligt werde, bzw. als heilig bekannt sei. Es ist die erste Bitte im Vaterunser, weil sie unser größtes Bedürfnis ist. Gottes Name ist oft als „Mythos" oder „optional" oder „Fantasie" bekannt. Dieser Fehler hält Menschen von Ihm fern. Die Hauptaufgabe von Gottes Volk, von Abraham bis zur Gegenwart, ist so zu leben und zu sprechen, dass Sein Name als heilig bekannt wird.

Geistliche Aktivitäten

Der wiederauferstandene und verherrlichte Jesus Christus ist unser einziges Beispiel für ein wahrhaft geistliches Leben. Was tat er? Er aß und trank (Lukas 24,36-44; Apg 1,4). Er lehrte Geschichte (Lukas 24,13-27). Er arbeitete, war kreativ und übte Gastfreundschaft (Johannes 21,4-13). Essen, trinken, lehren, arbeiten, kreativ sein und Gastfreundschaft üben sind alles geistliche Aktivitäten für einen Christen. Natürliche Aktivitäten werden geistlich, indem sie durch Gebet, Dankbarkeit und Gottes Segen mit dem Übernatürlichen verknüpft werden. Der religiöse bzw. zeremonielle Teil unseres geistlichen Lebens gehört zu den anderen Teilen, die zu gleichen Teilen real und geistlich sind. Geistlich bedeutet vollkommen real und geheilt, nicht aufgeteilt.

„Geistliche" Verbindungen

Viele Menschen fragen sich, ob unterschiedliche Ereignisse und Umstände einen „geistlichen" oder übernatürlichen Zusammenhang haben. Zwei Fragen können dabei helfen, dies zu durchdenken: Gibt es etwas, das du tust oder das dir widerfährt, an dem Gott kein Interesse hat? Gibt es etwas, das du tust oder das dir widerfährt, an dem der Teufel kein Interesse hat? Wir sind rund um die Uhr mit dem übernatürlichen Teil der Wirklichkeit verbunden. Gebet ist immer geboten. Wir brauchen nicht in vager Verwirrung oder Sorge verharren. Wir befinden uns immer in einem Kampf und sollten Gott in unsere Situation mit einbeziehen. Bete andauernd.

Der Geist weht und schwebt

„Geist" bedeutet „Wind" auf Hebräisch und Griechisch in der Bibel. Der Wind ist eine Person mit einem Willen und einem Ziel. Der Wind schwebt wie eine Taube über den Wassern der Schöpfung, der Flut und der Taufe Jesu – drei Neuanfänge. Der Wind bläst und atmet Wahrheit, Weisheit, Zurechtweisung, Führung, Trost und den Namen von Jesus in uns hinein. Er ist der Geist Jesu Christi, der Ihn verkündet und Ihn bezeugt als unseren Erlöser und Führer im Leben. Der Geist dringt in uns ein, pflanzt Samen und trägt Frucht. Wir sollten Ihn mehr wertschätzen und lieben.

Gerechtigkeit

Ein „rechter Winkel" (90 Grad) ist recht, weil er in das Fenster oder den Türrahmen passt. „Gerecht" zu werden bedeutet, so umgeformt zu werden, dass man in Gottes Königreich hineinpasst und mehr zu Seinem Ebenbild wird. Wir sollten in Gehorsam danach streben, besser hineinzupassen. Dies ist der kleinere Anteil im Prozess des Gerechtwerdens. Der größere Anteil besteht darin, dass Gott uns ein neues Herz und einen rechten Geist gibt, uns durch das Blut Jesu von den Verzerrungen der Sünde reinigt, und uns durch Seinen Heiligen Geist leitet und ermutigt. Vertraue auf Gottes Anteil, so dass du deinen Anteil besser erfüllen kannst.

Gerechtigkeit und Liebe

Gerechtigkeit und Liebe sind sich sehr ähnlich. In der Bibel bedeutet „gerecht" nicht einfach nur fair oder gleich. Es bedeutet passend und angemessen. Ein ausgerichteter Winkel passt in den Fensterrahmen. Eine gerechtfertigte Person passt in den Rahmen von Gottes Charakter und gehört zu Ihm. Liebe bedeutet sich dafür zu entscheiden, so in das Leben einer geliebten Person hineinzuwirken, dass sie ermutigt und unterstützt wird, so zu werden wie Gott sie in Seinem Ebenbild will. Gerechtigkeit und Liebe gehören und wirken zusammen. Man kann sich das eine kaum ohne das andere vorstellen. Jesus rechtfertigt uns durch Seine Liebe. Lebe wie Jesus.

Gleichheit

Menschen sind in vielerlei Hinsicht nicht gleich: Gesundheit, Intelligenz, Bildung, Ertragskraft, Familienhintergrund und Erbgut. Wir sind alle gleich hinsichtlich unserer Bedürftigkeit für Gottes Gnade und Errettung. Gerechtigkeit ist wie ein mit Luft gefüllter Ballon. Wenn man ihn mit einem großen Hammer zerschlägt, bleibt nur ein schlaffes Stück Gummi übrig. Wenn man ihn mit einer kleinen Nadel sticht, passiert das gleiche. Hinsichtlich meiner Bedürftigkeit für Gottes Vergebung gleiche ich einem mordenden Drogenhändler der Mafia. Manche Sünden richten mehr Schaden an als andere, aber sie bringen alle den Tod. Wir können auf niemanden herabschauen.

Gleichnis eines Opfers

Es war einmal ein Mann, der hatte verschiedene Probleme im persönlichen und geschäftlichen Leben. Ihm wurde beigebracht, dass er ein Opfer sei und er Rechte und Ansprüche habe. Er fragte sich, warum Gott ihm nicht das gab, was er verdiente. Die Vorstellung er könnte an irgendetwas schuldig sein, schien wie eine unerträgliche Last der Schuld. Dann erkannte er, dass er es sich leisten konnte, schuldig zu sein, weil Jesus bereits für alles bezahlt hatte. Er konnte sich seiner Verantwortung für sein Leben frei und realistisch stellen, wohlwissend, dass das Gewicht jeglicher Schuld von ihm genommen werden konnte. Die Heilung nahm ihren Anfang.

Das Gleichnis von der Mutter und dem Jungen

Es war einmal eine Frau, die hatte einen kleinen Jungen. Sie liebte den Jungen und wusste, dass er den heißen Ofen in der Küche anfassen würde. Sie bettelte und schimpfte mit ihm und flehte ihn an, den Herd nicht zu berühren. Als er dann eines Tages den Herd anfasste, war es nicht ihre Schuld. Sie litt mit ihm. Ihr Wissen, dass er den Herd anfassen würde, nahm ihm nichts von seiner Bedeutsamkeit und Verantwortung. Als es dem Jungen leidtat, dass er seiner Mutter nicht gehorcht hatte, küsste sie ihn und vergab ihm.

Glück

Viele Menschen glauben nicht an Gott. Manchmal sage ich trotzdem „Gott segne dich", weil ich an Gott glaube, und Er sie segnen kann. Viele Menschen wünschen mir „Viel Glück", obwohl ich nicht an Glück oder den Zufall glaube. Der Zufall funktioniert immer fifty-fifty, somit geschieht nichts aus Zufall. Die Menschen stellen sich Glück als die Kraft eines unpersönlichen, mechanischen Universums vor, die ihr Leben bestimmt, oder als persönliche Glücksgöttin. Die Hoffnung oder der Wunsch nach viel Glück ist hoffnungslos und beliebig. Wir leben in einer persönlichen Wirklichkeit, in der Gott alles sieht und sich um alles kümmert. Gott segne dich.

Gnade

Er hat in der Arbeit durch Fehler Schaden angerichtet. Sein Chef vergab ihm, weil er ihn angestellt und ausgebildet hatte und in seine Zukunft Hoffnung setzte. Das ist Gnade, die den Bedürftigen durch die Mächtigen gewährt wird. Durch die Kraft des Heiligen Geistes können wir Gnade an andere weitergeben. Schwache, einfache und verachtete Christen haben die Macht von Gott, Gnade an andere weiterzugeben. Wenn Christen andere durch die Brille der Gnade betrachten, werden sie Salz und Licht in der Welt und Werkzeuge Seines Friedens. Die Schwachen verstecken sich hinter Rechten oder scheinbarer Überlegenheit. Die Starken sind gnädig.

Gottes Gesetz der Liebe

Gottes Gesetz in der Bergpredigt handelt von liebevollen Beziehungen untereinander. Es geht nicht um Nationalität, Geographie, Ernährung, Zeremonien, Rasse, Kultur oder Erbe. Diese Dinge sind zwar gültige Bestandteile unseres Lebens als Christen, aber wenn sie der Nächstenliebe in die Quere kommen, werden sie zu Götzen. Wir sollen diese Dinge nicht auslöschen oder ignorieren, aber wir sollen sicherstellen, dass sie die Nächstenliebe unterstützen und ermutigen. Alle Werte und Aktivitäten in unserem Leben sollten der Liebe dienen. Liebe gehört an die Spitze der Hierarchie und gibt allem anderen Bedeutung und Leben. Denke Liebe.

Gottes Verheißungen

Viele von Gottes Verheißungen wurden bereits erfüllt, sei es für Menschen, die vor langer Zeit lebten, oder für die gesamte Gemeinschaft. Sie können von Einzelnen nicht mehr beansprucht werden. Eine Verheißung, die von jedem von uns beansprucht werden kann, steht in Philipper 4:6-7. Gott verheißt uns, dass wenn wir alles vor Ihn bringen, Er uns in Jesus Christus bewahren wird. Unser tiefstes Bedürfnis ist gewollt zu sein, bewahrt zu werden und dazuzugehören. Das ist die Verheißung, die wir wirklich brauchen. Das ist die Verheißung, die Gott immer für jeden von uns erfüllen wird. Wenn wir diese Verheißung beanspruchen, wird unser ganzes Leben von Gottes Liebe geborgen und erhalten.

Gottes Wort verstehen

Sprache ist schwierig. Es ist vermutlich unmöglich, mit Worten in Raum und Zeit Dinge und Ereignisse zu beschreiben, die hauptsächlich in der Ewigkeit stattfinden. Es gibt drei Himmel: in einem fliegen die Vögel, im nächsten sind die Sterne, und der dritte beschreibt das Übernatürliche. Für alle drei wird ein Wort verwendet. Der Text allein sagt nicht genug, er muss erklärt werden. Die Präzision ist begrenzt und niemals vollkommen. Wenn wir mehr Präzision bräuchten, hätte Gott sie uns gegeben. Wir können Gottes Wort nicht ausreichend verstehen, wenn wir nur unseren Verstand benutzen. Zu Gottes Wort zählt die Bibel, die Schöpfung und Jesus. Wahres Verständnis ist eine ganzheitliche Beziehung.

Grenzen der Freiheit

Meine Freiheit zum Fäuste schwingen endet an deiner Nase. Meine Redefreiheit endet bei der Lüge und der Verleumdung. Wenn wir die Formen der Mechanik, Physik und Aerodynamik verstehen und respektieren, macht uns das frei über den Ozean zu fliegen. Wenn wir die Formen ignorieren oder gegen sie verstoßen, stürzen wir ab. Wenn wir die Formen verlassen, die Gott uns für unser Leben gegeben hat, nähern wir uns dem Tod. Manche Begrenzungen wählen wir. Manche sind von Gott oder unserer Gesellschaft gegeben. Wenn wir versuchen, nur innerhalb der Grenzen zu leben, die wir selbst gewählt haben, werden wir uns selbst und andere zerstören.

Heiliger Eigennutz

Das Ehepaar beschloss, großzügiger zu sein mit Zeit, Geld, Fürsorge und Gebet. Sie gaben mehr ohne eine Gegenleistung zu erwarten. Dann entdeckten sie, dass ihr Leben, ihr Friede und auch ihr Wohlbefinden zunahmen. Bei Gott kann man nicht wirklich Dinge weggeben, denn sie kommen immer als Segen zu einem zurück, sichtbar oder unsichtbar, in der Gegenwart oder in der Ewigkeit. Wenn wir in das Königreich Gottes investieren, investieren wir in uns selbst mit der Gewissheit eines großen Gewinns. Diejenigen, die wir segnen, werden Teil einer großen Krone der Belohnung für uns. Wenn wir selbstlos sind, sorgt Gott für unser Selbst.

Ich weiß nicht

Eine der großen Freiheiten im Christentum ist die Freiheit, „Ich weiß nicht" zu sagen. Menschen, die Gottes Frieden nicht kennen, verspüren den Druck, alles wissen zu müssen und immer Recht zu haben. Die Menschen fühlen Scham, wenn sie etwas nicht wissen, dabei ist das wirklich Beschämende, wenn man so tut als ob man weiß. Wir müssen Jesus kennen, was nicht nur eine intellektuelle oder rationale Art des Wissens ist. Man kann die Weisheit nicht suchen, außer man weiß, dass man sie nicht hat. Nicht viele Menschen mögen einen Besserwisser. Je früher du dir klar wirst, dass du nicht weißt, desto schneller lernst du und gewinnst Weisheit.

„Ich weiß was ich mag."

Jede Lebensform weiß was sie mag. Ein Großteil unseres Mögens macht keinen Sinn und ist nicht vernünftig. Wir können so tun, als ob wir etwas mögen, weil „es sich gehört, es zu mögen". Wenn wir etwas nicht mögen, heißt das nicht, dass wir es nicht verstehen oder nicht anerkennen. Wenn jemand etwas mag, was wir nicht mögen, dann macht das für uns keinen Sinn. Vielleicht können sie uns gar nicht erklären, warum sie es mögen. Etwas zu mögen bedeutet sich daran zu erfreuen oder hingezogen zu sein. Wir mögen die Sünde, andernfalls würden wir sie nicht begehen. Dass wir etwas mögen, sagt mehr aus über uns selbst, als über das, was wir mögen.

Im Frieden sein oder sich nicht kümmern?

Es ist uns verboten, uns um irgendetwas zu sorgen und ängstlich zu sein, und verheißen, Gottes Frieden in allen Dingen zu haben. Manchmal führt das „im Frieden sein" dazu, dass man sich nicht mehr kümmert oder gleichgültig wird. Wie können wir hinsichtlich unserer Arbeit, unserer Gesundheit oder eines Streites in der Familie oder der Kirche im Frieden sein und dennoch engagiert und effektiv bleiben? Das ist eine besondere Energie vom Heiligen Geist, eine passive Aktivität, eine ruhige Dringlichkeit, eine dynamische Passivität, Glaube und Werke, im Leben eines Christen vereint. Bitte um diese Erfahrung und halte nach ihr Ausschau. Im Herrn zu ruhen gibt uns Kraft zu dienen.

Information

Information ist geheimnisvoll. Wir wissen nicht genau, was es ist, aber niemand bezweifelt ihre Existenz. Information kontrolliert Materie, vor allem genetisches Material, aber es gibt keinen Beleg dafür, dass Materie Information produziert. Materialisten haben Glauben, dass Materie Information produziert. Es ist wahrscheinlicher, dass Information übernatürlich ist, dass sie von Gott stammt, der alle Dinge durch die Macht seines Wortes zusammenhält. Am Anfang war das Wort. Am Anfang war Information. Das Wort wurde Fleisch und lebte unter uns. Wir verstehen das nicht, aber wir können dankbar sein und dieser Wahrheit vertrauen. Es ist die beste Erklärung für alles.

In Gebet investieren

Normalerweise beinhaltet jede Investition, sei es in Firmen oder persönliche Beziehungen, auch Risiken. Beim Gebet besteht das Risiko, dass wir nicht bekommen was wir wollen oder verwirrt werden. Aber es besteht nicht die Gefahr, dass Gott uns nicht segnet und unser Leben nicht wirklicher macht, wenn wir beten. Gebet ist ein Schatz. Da wo unser Schatz ist, wird auch unser Herz sein. Wenn wir in andere Menschen investieren indem wir für sie beten, wird sich unsere Herzenshaltung ihnen gegenüber verändern, weil wir in sie investiert haben. Versuche, für die Menschen zu beten, die schwierig sind oder dich nerven, und siehe, was passiert.

Jesus ist die Antwort

Im Kindergottesdienst lernen die Kinder, dass „Jesus" eine gute Vermutung ist bei der Beantwortung der meisten Fragen. Tatsächlich liegt darin eine große Wahrheit. Nur in Jesus liegt die Bedeutung der Schöpfung, der Sintflut, des Turms von Babel, der Berufung Abrahams und der Geschichte der Juden, des Gesetzes des Alten Testaments und des menschlichen Lebens im Allgemeinen. Wenn wir Jesus verstehen, verstehen wir auch alles andere. Jesus ist das Zentrum von Allem und gibt ihm Bedeutung. Das Zentrum ist kein Punkt oder selbstzentrierter Kreis, sondern ein Kreuz und eine Person – strahlend und umfassend.

Kontrovers

Viele Christen und auch andere wollen nichts tun oder sagen, was kontrovers ist, und warnen auch davor. Wenn etwas nicht kontrovers ist, ist es allgemein akzeptiert. Nur sehr wenig ist allgemein akzeptiert. Vielleicht einigen wir uns über die Schwerkraft und den Tag- und-Nacht-Rhythmus, aber nicht bei der Frage, ob die Erde eine Scheibe ist oder wie alt sie ist. Nichts ist kontroverser als das Evangelium von Jesus Christus. Christen sollten Friedensstifter sein, aber nicht so tun, als ob Friede herrscht, wenn doch keiner ist. Streit ist unvermeidbar und wird uns begleiten, bis Jesus wiederkommt. Glaube heißt auf Gott zu vertrauen, wenn unsere Situation nicht sicher ist, und nicht so zu tun, als ob sie sicher wäre.

Kultur

Kultur bedeutet Dinge gemeinsam zu kultivieren oder anzubauen und das, was wir wertschätzen, zu entwickeln. Wir haben Kulturen der Familie, des Sports, des Gewerbes, der Nation. Es gibt Kulturen des Lebens und des Todes, der Hoffnung und der Verzweiflung, des Königreichs Gottes und dieser Welt, der Liebe und der Selbstsucht. Christen sind dazu berufen, sich der Kultur um sie herum bewusst zu sein und ihr beizusteuern. Salz und Licht geben der Welt Geschmack und Klarheit. Salz und Licht zu sein bedeutet, die Stadt mit den Werten des Königreichs Gottes zu segnen. Die Kultur anzubeten führt zu einer Kultur des Todes. Gott anzubeten führt zu einer Kultur des Lebens.

Lesen und Zuhören

Es ist sehr schwierig, klar zu lesen und zuzuhören, weil unsere eigenen Erwartungen und Annahmen unsere Wahrnehmung trüben. Wenn Menschen reden und wir eigentlich nur uns selbst hören, sind Gespräche unmöglich und wir letztendlich einsam und entfremdet. Wenn wir Dinge in einen Text hineinlesen anstatt herauszulesen, reden wir letztendlich nur noch mit uns selbst. Liebe ist nicht auf sich selbst zentriert, sondern auf den Anderen. Wenn wir unsere eigenen Pläne opfern und uns auf den anderen konzentrieren, wird unser Verständnis wachsen und wir werden beide gesegnet. Wir müssen nicht mit allem übereinstimmen, was wir hören oder lesen, aber wir müssen von uns selbst wegsehen.

Liebe und Vertrauen

Gott liebt uns und wir können Ihm vertrauen, bei allem was er uns tatsächlich versprochen hat, aber nicht bei dem, was wir uns ausdenken. Die Wirkung von Gottes Liebe für uns ist abhängig davon, wie wir sie annehmen. Wir müssen immer unseren Nächsten lieben. Mit Vertrauen ist es anders. Jeder ist durch seine Sünde und die der anderen gebrochen und verzerrt. Wir müssen anderen vertrauen in Hoffnung und innerhalb der Grenzen ihrer Gebrochenheit. Wir dürfen nicht zu viel erwarten. Wenn jemand Kleptomane ist, sollten wir ihn lieben und nicht darauf vertrauen, dass er diese Krankheit sofort überwinden wird. Vertrauen ohne Weisheit kann Dinge schlimmer machen.

Männlich und Weiblich

Der Gedanke, dass Menschen männlich und weiblich sind, schränkt uns in unserer Freiheit ein. Der Gedanke, dass die Schwerkraft nur zur Erde hinzieht, begrenzt auch unsere Freiheit. Unsere Begrenzungen definieren und identifizieren uns ebenso, wie es unsere Freiheiten tun. Wenn es keine Begrenzungen gibt, gibt es auch keine Identität. Die Bibel sagt, dass Gott Sein Ebenbild als männlich und weiblich geschaffen hat und dass dies das Standardprogramm ist. Biologische und genetische Wissenschaft bestätigt die genetische Polarität von Tieren. Die Bibel und die Wissenschaft stimmen überein. Das Geschlecht [Gender] ist etwas, was uns gegeben wird, nicht etwas, was wir wählen oder erfinden. Ausgedachte alternative Geschlechter sind soziale oder psychologische Konstrukte.

Menschen sind gut

Wir brauchen das Gute in unserem Leben und unserer Welt. Das veranlasst Menschen, andere Menschen und sich selbst für gut zu erklären. Das ist eine gefährliche Einbildung, wie wenn man behaupten würde, dass Giftschlangen ungefährlich sind. Wenn die Menschen gut sind, dann brauchen sie Jesus nicht, was eine furchtbare, tödliche Lüge ist. Wir brauchen vollkommene und absolute Güte. Traurigerweise sind Menschen nicht gut genug, glücklicherweise ist es aber Gott. Nur Gott ist gut und das Maß aller Güte, nicht unser Geschmack, unser Spaß oder unsere Bequemlichkeit. Weil Gott gut und allmächtig ist, kann Er uns gut machen, wenn wir es Ihm erlauben.

Migration

1. Durch die Geburt treten wir ins Leben ein, und leben aufgrund der Sünde in einem Zustand des Todes. 2. Dann können wir durch den Glauben an Jesus Christus vom Tod zum Leben durchdringen. 3. Dann gleiten wir durch den natürlichen Tod vom Leben zum Tod. 4. Dann gehen wir vom Tod über ins Leben durch die Wiederkunft Jesu und die Wiederherstellung von Allem. Jeder durchschreitet die Phasen 1 und 3. Die Phasen 2 und 4 sind Optionen, die Gott uns anbietet. Manche lehnen die Phasen 2 und 4 ab, was sehr traurig ist. Wo bist du in diesem Prozess? Achte darauf, keine dieser Phasen auszulassen.

Misstrauen

Vertrauen ist wertvoll, mächtig und zerbrechlich. Gottvertrauen ist fundamental für den christlichen Glauben und das Leben als Christ. Der Teufel greift das Vertrauen fortwährend an, um es zu zerstören. Er sagt: „Hat Gott das gesagt?", „Verwandle die Steine in Brot", „Wirf dich von diesem Gebäude, damit Gott sich als vertrauenswürdig erweisen muss." Das, wogegen man beten und streben sollte während der COVID Pandemie ist das Aufkeimen von Misstrauen. Vertrauen ist die Grundlage von Gesellschaften und Wirtschaftssystemen. Ein Angriff gegen das Vertrauen stellt für uns alle eine ernstzunehmende Gefahr dar. Bemühe dich, in dem was du tust und sagst vertrauenswürdig zu sein. Sei Teil der Lösung.

Nähere dich Gott

Am Ende eines dramatischen persönlichen Zeugnisses schrieb Asaph in Psalm 73: „Gott nahe zu sein ist gut für mich" [Einh.2016]. Gott streckt sich immer vom Himmel aus, um uns nahe zu sein. Wir können uns Ihm nähern, indem wir uns an Ihn erinnern und uns zu Ihm erheben, uns erinnern, dass Er uns Leben gibt, uns schützt, uns erhält, uns befähigt. In all dem Stress und den Mühen des Lebens können wir Halt erfahren und eine realistische Perspektive bekommen, indem wir Seiner und Seiner machtvollen Liebe für uns gedenken. Sei bei Ihm Tag und Nacht.

Nichts ist sicher

Die höchste Priorität der Frau war Sicherheit und Geborgenheit. Sie dachte, ihre Arbeitsstelle wäre sicher, sah aber, wie die Menschen um sie herum ihre Arbeit verloren. Sie dachte, ihre Bank wäre sicher, las aber von Skandalen und Pleiten. Sie dachte, ihre Kirche wäre sicher, aber die Leute dort stritten, lästerten und wetteiferten. Sie dachte, ihre Gesundheits- und Lebensversicherungen wären sicher, aber es gab Schwierigkeiten. Ihr ging es furchtbar, weil man nichts und niemand mehr vertrauen konnte. Da erinnerte sie sich, dass Jesus seine Vertrauenswürdigkeit bewiesen hatte, indem Er für sie gestorben war und ihr versprochen hatte, alle Tage bei ihr zu sein. Auf dieser Grundlage stehend konnte sie allem anderen getrost entgegensehen.

Not

Es war einmal ein Mann, der war ein Christ und wusste viel über das Christentum. In seinem Leben gab es gute und schlechte Zeiten, und er brachte sie stets zu Gott im Gebet. Eines Tages wurde er von einer schweren Depression heimgesucht, die in niederdrückte und ihn hoffnungslos und zynisch werden ließ. In seiner verzweifelten und verwirrten Not schrie er zu Gott. Schrittweise erlebte er, dass seine Not die Armut im Geiste war. Je mehr er seine Armut im Geiste erkannte, desto stärker war das Königreich Gottes in seinem Leben. Gott kann alles verwenden, um Seine Kinder zu segnen.

Offenbarung

Einige der Ereignisse, die im Buch der Offenbarung geschildert werden, finden auf der Erde statt, andere im Himmel (der übernatürlichen Dimension der Wirklichkeit). Die irdischen spielen sich in der Zeit ab, die himmlischen in der Ewigkeit. „Ein Tag ist wie tausend Jahre, und tausend Jahre sind wie ein Tag" beschreibt die Beziehung zwischen Zeit und Ewigkeit. Erwarten wir tatsächlich, dass die Ereignisse im Himmel mit einem Kalender gemessen werden? Das wäre vermutlich falsch. Die Ereignisse sind wahr und wirklich, auch wenn wir sie nicht vollständig begreifen oder messen können. Wir leben durch Glauben, nicht durch Schauen.

Ozean

In der mesopotamischen Mythologie kontrollierte Ozean das Chaos, erschuf, umgab und enthielt die Meere und das Land. Er wurde auch als Schlange beschrieben und gebar als solche die Drachen. Im Tempel Salomons war das Meer das größte und einzige asymmetrische Objekt. Für die Waschung war es vollkommen ungeeignet. Das Meer, oder der Ozean, wird durch den Tempel bzw. das Königreich Gottes vollkommen umfasst und kontrolliert. In der sehr detaillierten Vision vom Tempel bei Hesekiel wird das Meer nicht mehr erwähnt, und in der Offenbarung heißt es, dass das Meer nicht mehr sein wird. Gott ist größer als alle Mythen und Vorstellungen der Menschen und verschlingt sie in siegreicher Herrschaft.

Persönliche Güte

Heutzutage lehren die Humanisten, dass wir unsere natürliche Güte wertschätzen und uns selbst respektieren sollen. Der Apostel Paulus lehrt uns, dass unsere Güte oder Gerechtigkeit wie dreckige Lumpen sind. Wahre Güte können wir von Jesus Christus bekommen. In Ihm können wir wahrhaft gut sein und eine realistische Hoffnung und Freude und Dankbarkeit erlangen. Güte und Leben stammen nicht aus der natürlichen, geschaffenen Welt oder aus unserem natürlichen Selbst, sondern vom Schöpfer. Wenn wir demütig sind und arm im Geiste, können wir von Jesus alles empfangen, was wir für Güte und Leben brauchen. Vertraue auf Ihn und sei froh.

Die Problematik des Bösen

Wenn Gott allgütig und allmächtig ist, warum gibt es dann das Böse? Diese Frage kann nicht beantwortet werden ohne die Annahme, dass der Mensch ein verantwortlicher Akteur des Wandels ist. Gott hat uns nicht so geschaffen, dass wir automatisch gut sind, sondern mit der Verantwortung, das Gute zu wählen. Häufig tun wir das nicht, und Böses geschieht. Die Geschichte ist linear und akkumulativ. Das Böse baut sich auf und betrifft Jedermann. Wir tragen keine Schuld an dem, was uns angetan wird, sondern nur daran, was wir erwählen und tun. Die Menschen neigen dazu zu denken, das Böse wären immer „die Anderen". Wenn Gott etwas tun würde, um alles Böse loszuwerden, was würde dann mit dir geschehen?

Die Problematik des Guten

Wenn Gott allmächtig und allgütig ist, warum gibt es dann das Böse in der Welt? Wenn es die Güte Gottes nicht gäbe, wüssten wir gar nicht, was das Böse ist. Alles wäre einfach nur normal und natürlich, wie Vulkane, schöne Sonnenuntergänge und Giftschlangen. Eine hilfreichere Frage wäre: Wenn alles im Abkühlen befindlich ist und sich zum Chaos hin entwickelt, warum gibt es das Gute? Natur ist nicht gut oder böse, sie ist einfach das, was sie ist. Gut und Böse sind übernatürliche Energien, die in die Natur hineinwirken. Das Gute ist ursprünglich und hat seinen Anfang in Gott. Das Böse ist eine Verzerrung, die von Gott korrigiert wird.

Prüfen und Versuchen

Prüfen (*dokimazo* auf Griechisch) sucht nach dem Guten. Versuchen (*peirazo* auf Griechisch) sucht nach dem Schlechten. Manchmal werden diese beiden Worte gleich übersetzt. Gott prüft uns stets, um zu beweisen und zu zeigen, dass unser Glaube stark ist und dass wir als Seine Kinder gewachsen sind. Wir sollten einander prüfen, um herauszufinden, was gut ist. Wir sind jedoch versucht, einander zu versuchen, um herauszufinden, was schlecht ist, damit wir uns dann besser fühlen. Zeige den Menschen, wie gut sie sind und ermutige sie, mit Gottes Hilfe besser zu sein. Baue Menschen auf, mach sie nicht runter.

Prüft alles

Im 1. Brief an die Thessalonicher lehrt uns Paulus, alles zu prüfen, damit wir nicht das Feuer des Geistes löschen und Prophezeiungen verachten. Wenn wir immerzu „Ja" sagen zu allem, das vorgibt, eine Prophezeiung zu sein, zu jedem Gefühl, zu jeder Erfahrung, die wir machen, dann verlieren wir Gottes Wahrheit aus dem Blick. Das Ergebnis des Prüfens sollte zuerst sein, alles festzuhalten, was gut ist, damit wir erkennen können, was böse ist. Wenn wir prüfen, um das Böse zu erkennen, wird uns das nicht dabei helfen, das Gute zu erkennen. Der Zweck des Prüfens ist in Liebe zu wachsen.

Rasse

Rasse scheint in Gottes Königreich keine Rolle zu spielen. Gott liebt jeden. Jeder braucht Gott. Gott scheint farbenblind zu sein. Gott ist der große Nivellierer: Die Reichen sind arm, die Armen sind reich. Farbe, Familiengeschichte, Bildung, religiöser Hintergrund, politische Einstellung, Berechtigungen oder Privilegien scheinen keinen großen Unterschied zu machen. Wir werden nicht durch unseren Hintergrund gerettet oder verdammt, sondern durch unseren Vordergrund. Für Jesus sind wir alle gleich. Etwas anderes zu denken führt zu Problemen. Heilung kann schmerzhaft und furchteinflößend zu sein. Lasst uns dem Heiligen Geist erlauben, dieses Verständnis in unseren Herzen und unserem Denken zu festigen.

Relevant

Ist die Bibel für unsere Kultur und Gesellschaft relevant? Diese Frage geht davon aus, dass Kultur und Gesellschaft der Maßstab für Wahrheit und Wirklichkeit sind und fragt danach, ob die Bibel da hineingefügt werden kann. Das Christentum ist radikal und setzt voraus, dass die Bibel Wahrheit und Wirklichkeit beschreibt. Die Werte der Bibel sind absolut und ewig, während alternative Werte jeder anderen menschlichen Kultur relativ und temporär sind. Wenn die Bibel wahr ist, sollten wir unsere Gesellschaft an ihr messen, nicht umgekehrt. Sind deine persönlichen und sozialen Kulturen relevant für das Königreich Gottes? Denke darüber nach.

Religion

Religion ist entweder ein System von Aktivitäten mit dem Ziel, eine Person mit der absoluten Wahrheit in Verbindung zu bringen, oder eine gläubige Hingabe an einige Grundprinzipien (wie beim Kommunismus). Es beinhaltet normalerweise das Übernatürliche. Die Grundlage des Christentums ist Gott, der sich selbst mit uns verbindet durch Sein Wort in der Schöpfung, der Fleischwerdung Jesu Christi, der Bibel und den Handlungen des Heiligen Geistes. Das Christentum beginnt mit Gott, der zu uns kommt, nicht mit uns, die versuchen Gott zu erreichen. Somit unterscheidet es sich von Religion. Es beginnt alles mit Gottes Liebe. Es beginnt nicht mit unseren Anstrengungen oder einem System. Lass dich von Gott finden.

Religion oder Götzendienst

Im Laufe der Zeit haben Christen unterschiedliche Wege entwickelt, auf Gottes Erlösung zu antworten. Das zeigt sich in Architektur, Liturgien, Riten, Zeremonien, Traditionen, Gemälden, Skulpturen, Fenstern, spezieller Kleidung, Glaubensbekenntnissen, Katechismen, Musik und anderen Dingen. Gott ist Liebe. Das Evangelium von Jesus Christus ist Liebe. Wir müssen uns Gedanken machen und darüber beten, wie all unsere religiösen Praktiken uns darin leiten und unterstützen, wie wir einander lieben können. Wenn sie das tun, sind sie für uns ein Segen. Wenn sie das nicht tun, können sie ablenkender Götzendienst oder Flucht sein. Gib Religion nicht auf, sondern stelle sicher, dass sie für dich tatsächlich ein Segen ist.

Risiko und Vertrauen

Der Reichtum der Nationen und alle guten Beziehungen sind auf Vertrauen aufgebaut. Vertrauen geht gewöhnlich mit Risiken einher: Die Börse könnte einbrechen, die Firma könnte sich verkleinern, der Ehepartner sterben, die Freunde sich verändern, die Kirchengemeinde sich spalten. Es ist gut, die Risiken zu analysieren und hinsichtlich unserer Hoffnungen und Erwartungen realistisch zu bleiben. Wir können Vertrauen und Risiko wagen, wenn unser Leben in dem Versprechen Gottes gegründet und gehalten wird, dass Er uns errettet und bewahrt. Hier gibt es kein Risiko. Gott wird nicht sterben oder versagen oder sich ändern. Lebe mit dem Fokus auf dieser einzigen risikofreien Beziehung.

Schönheit

Laut Wörterbuch wird Schönheit als Attraktivität beschrieben, vor allem für die Augen, aber auch hinsichtlich des Nutzens oder der Annehmlichkeit. Diese Art von Schönheit ist für den Einzelnen oder einer Kultur vollkommen subjektiv. Die Bibel setzt Schönheit in einen Zusammenhang mit Heiligkeit oder dem, was für Gott attraktiv ist: Demut, Treue, Gehorsam, Dienen. Jesus war auf Erden körperlich nicht attraktiv und ist vollkommen und ewiglich schön. Schönheit, die für Gott nicht attraktiv ist, wird aufhören zu sein. Schönheit, die zum Königreich Gottes gehört, wird ewiglich sein. Wir können Dinge tun und schaffen, die auf beide Arten schön sind. Betrachte alles stets im Zusammenhang von ewiger Schönheit und ewigem Leben.

Seid dankbar in allen Lebenslagen

Christen leben unter ganz unterschiedlichen Umständen: gesund und krank, reich und arm, sicher und in Gefahr, beliebt und einsam. Was allen Christen gemein ist, ist die universelle und ewige Wahrheit des erlösenden und lebendigen Evangelium Gottes in Jesus Christus. Diese Wahrheit ist in jeder unterschiedlichen Situation am Werk. Ob unsere Umstände angenehm sind oder nicht, sie können bewirken, dass wir Gottes Liebe vergessen und undankbar werden. Gottes Liebe umgibt all unsere Lebensumstände. Wir sollten nicht für alle Umstände dankbar sein, denn manche sind schlecht. Wenn wir uns aber an Gottes Liebe erinnern, können wir auf realistische Art dankbar sein, und das ist für uns gesund und ermutigend.

Selbstreferenzialität

Selbstreferenzialität wird oft als ein positiver Wert angesehen, besonders in der Kunst. Eigentlich ist Selbstreferenzialität ein anderes Wort, für Sünde und Tod. Gott ist absolut und ewig andersreferenziell [d.h. auf den Anderen bezogen]. Die Referenz von Jesus ist nicht Er selbst, sondern der Vater und der Geist. Adam und Eva wurden andersreferenziell erschaffen. Ihre Bezugspunkte waren Gott und der jeweils andere. Sie wurden selbstreferenziell, indem sie Gut und Böse für sich selbst erkannten, unabhängig. Gott ist Liebe. Liebe ist andersreferenziell. Leben gibt es nur in Gott und in der Liebe. Erlaube dem Heiligen Geist, dich mehr und mehr andersreferenziell zu machen und immer mehr Leben von Gott zu empfangen.

Sieg während COVID

Nicht alle Dinge sind gut. In allen Dingen wirkt Gott das Gute für die, die Ihn lieben. Lasst uns Gottes Sieg in unserem Leben während COVID suchen und empfangen. Unter den Einschränkungen, lehrt dich da der Heilige Geist Beziehungen wertzuschätzen und zu entwickeln? Lehrt Er dich Geduld, Treue und Freundlichkeit? Die COVID-Pandemie wird ein Ende haben. Gottes Siege in unserem Leben werden kein Ende haben. Frohlocke! Wir können Gott darum bitten, den Virus zu töten. Gott gibt uns nicht alles, was wir wollen. Er gibt uns alles, was Er will, was viel besser ist. Liebe Gott und lass Ihn dich lieben.

Stolz

Warum spricht die Bibel so negativ über Stolz? Es ist gut und gesund, mit seinen Fähigkeiten und Leistungen zufrieden zu sein und ermutigt zu werden. Stolz kann oberflächlich sein, so wie Stolz auf meine Augenfarbe oder Hauttextur, was beides keine Fähigkeit oder Leistung ist. Stolz kann eitel sein, was gleichbedeutend ist mit leer oder wertlos. Es ist natürlich, stolz zu sein, aber geistlich, dankbar zu sein. Stolz sein auf andere kann gut sein, aber jemand, der „stolz ist" ist selbstzentriert, eigenständig und implodierend. Der Teufel ist stolz und tot, und das will er für uns auch. Jesus ist demütig und kraftvoll lebendig.

Der Tempel des Heiligen Geistes

Gott ist der Gott der Beziehungen und nicht selbstzentriert. Er will, dass wir in Seinem Ebenbild genauso sind. Der Tempel des Heiligen Geistes und der Leib der Braut Christi beschreiben nicht uns als Individuen, sondern als Familie oder Gemeinschaft der Kinder Gottes. Wenn zwei oder mehr zusammenkommen, ist Christus und Sein Geist auf eine vollkommenere Art präsent, als wenn wir alleine sind. Wir können alleine beten und der Geist segnet uns als Einzelne, aber unser ewiges Leben ist nicht einzeln. Übe jetzt für die Ewigkeit.

Trost

Der Trost Gottes bedeutet im Grunde genommen nicht, dass wir es warm und trocken haben werden, gut genährt und gesund, mit einem sicheren Arbeitsplatz. Es bedeutet eher, dass uns unsere Sünden vergeben sind, Gott uns annimmt, und Er uns sanft in seinen Armen hält und erhält. Wir alle haben unterschiedliche Ängste und Probleme. Es ist weise, Gott um Seinen Trost zu bitten und uns Seiner Umarmung wie der verlorene Sohn hinzugeben. Gott will uns Trost schenken. Wenn wir darum bitten, wissen wir, dass wir ihn empfangen werden, weil es das ist, was Er auch will. Bleib dran und vertraue Gott.

Unseren Nächsten zu lieben ist Gott lieben

Es waren einmal Menschen, die glaubten an Gott und wollten Ihn lieben. Also begannen sie die Bibel zu lesen und in die Kirche zu gehen und übten sich in religiösen Disziplinen. Sie eiferten und kämpften für Gottes Wahrheit und sprachen oft darüber und wiesen jeden zurecht, der etwas falsch verstanden hatte. Sie gaben sich alle Mühe, ein Vorbild in religiöser Aufrichtigkeit zu sein. Aber in ihrem Herzen gab es eine leere Stelle. Dann fingen sie an Gott zu lieben, indem sie ihre Nächsten liebten und ihnen dienten, und die leere Stelle wurde mit einer tiefen, ruhigen und kraftgebenden Freude erfüllt.

Unseres Bruders Hüter

Viele Christen leiden unter der Last, ihres Bruders Hüter zu sein. Gott hat Kain nicht gesagt, dass er seines Bruders war. Kain wusste, dass nur Gott uns bewahren kann, also war seine Frage zynisch: „Bin ich Gott für meinen Bruder?" Jeder trifft seine eigenen Entscheidungen und lebt mit den Konsequenzen. Unsere Verantwortung ist, unseren Bruder zu lieben und dafür zu beten, dass Gott ihn bewahrt. Wir müssen füreinander sorgen, uns gegenseitig unterstützen und für einander beten, aber nicht uns gegenseitig bewahren. Wir sind nicht unseres Bruders Hüter – es ist schon schwer genug, sein Bruder zu sein.

Unterhaltung und Erziehung

Unterhaltung hält den Menschen zwischen zwei aktiven Teilen des Lebens in einer Schwebe des angeregten Genusses. Erziehung zieht Menschen heraus und vorwärts in ein vollständigeres Bewusstsein, Engagement und Lernen. Unterhaltung kann die Erziehung angenehmer machen, sie aber nicht ersetzen. Unterhaltung kann ein Segen oder eine Erweiterung des Lebens sein. Erziehung ist das stets. Unterhaltung lässt den Menschen dort, wo er war. Erziehung führt ihn voran. Unterhaltung gibt dem Menschen, was er will. Erziehung gibt dem Menschen, was er braucht. Unterhaltung ist cool. Erziehung ist heiß. Unterhalter [Entertainer] können beliebt und reich sein. Erzieher, die an Jesus glauben, segnen und sind für immer gesegnet.

Ursache und Wirkung

Gott hat das Universum mit einem Gesetz von Ursache und Wirkung geschaffen, welches er auch aufrechterhält. Wenn ein Christ und ein Nichtchrist von einem Gebäude springen, fallen beide nach unten und nicht nach oben. Wenn du dir deine eigene Moral und Identität erschaffst (vom Baum der Erkenntnis von Gut und Böse isst), wirst du sterben. In der Bibel heißt es oft „Gott tat es", wenn Menschen die Konsequenzen ihrer Entscheidungen erlebten, weil Ursache und Wirkung von Ihm stammen. Unsere Teilnahme am Weltgeschehen und unsere Verantwortung für unsere Taten werden nicht dadurch aufgehoben, dass es Gott ist, der Ursache und Wirkung aufrechterhält.

Vertrauen und Panik

Christen leben in einer friedvollen Atmosphäre des Vertrauens, dank der treuen Macht Gottes, unseres Erlösers. Wir leben nicht in einem paranoiden Pesthauch der Verschwörungspanik. Jede Autorität kommt von Gott, wird aber niemals perfekt ausgeübt. Regierungen begehen Fehler. Wir sollen klug sein wie die Schlangen, und arglos wie die Tauben. Wir sollen Gott geben, was Gottes ist, und Cäsar, was Cäsar gehört. Wir sollen einander nicht verurteilen, bloß weil wir an unterschiedlichen Stellen eine Grenze ziehen. Christen sollen die Stadt segnen, auf dass es ein Segen sein wird, in der Stadt zu wohnen.

Vertrauen und Zuversicht

In Zeiten der Krise und des Stresses, wie 2020 während der Pandemie des Corona-Virus, fällt es schwer zu vertrauen. Regierungen machen Fehler, jeder dem wir begegnen könnte uns infizieren, diejenigen, die unser Online-Leben kontrollieren, verfolgen ihre eigenen Ziele. Wir können nicht jedes Detail erkennen oder verstehen. Aber wir können das Gesamtbild in Gottes Person und Seinen Verheißungen sehen. Er verspricht, dass Er uns bewahrt, so dass nichts uns von Ihm trennen kann. All die verwirrenden und anstrengenden Details unseres Lebens finden ihre wahre Bedeutung aus der Perspektive von Gottes ewigen Verheißungen. Halte deine Augen auf Jesus gerichtet. Gedenke Seiner Macht und Treue und finde Frieden.

Von unseren Gefühlen lernen

Gott hat unsere Gefühle erschaffen. Sie sind wertvoll und wir lernen vieles durch sie. Sie sind ebenso durch die Sünde gebrochen und verdreht und belügen uns oft. Unsere Gefühle lehren uns viel über uns selbst – unseren Appetit und Geschmack und Ängste und Freuden. Gefühle und Erfahrungen sind eine Hälfte der Wahrheit. Die andere Hälfte sind Fakten und Bedeutung, die beide unabhängig von unseren Gefühlen und Erfahrungen sind und sie komplementär ergänzen. Unsere Gefühle zu töten bedeutet uns selbst zu töten. Unsere Gefühle mit Gottes Wort und Wahrheit gleichzusetzen heißt Gut und Böse zu kennen und zu sterben.

Vorherbestimmung

Gott trifft in der Ewigkeit Entscheidungen, welche die gesamte Zeit beeinflussen. Er sieht und erkennt die Zeit vom Anfang bis zum Ende, weil Er sie geschaffen hat. Er kannte jeden Einzelnen von uns, sogar bevor wir geboren wurden. Sein Vorwissen und die Vorherbestimmung arbeiten zusammen. Wir treffen in der Zeit Entscheidungen und sind stets eingeladen, Gott zu wählen. Aus der Perspektive der Zeit können wir stets in Hoffnung leben. Wir wissen, dass Gott uns erwählt oder vorherbestimmt hat, wenn wir Ihn wählen, was wir ohne Seine Hilfe und persönliche Berufung nicht tun könnten. Wenn wir Ihn wählen, wird Er uns annehmen. Wähle Gott.

Warum?

„Warum?" ist oft ein sehr schmerzerfüllter Schrei. Warum ich? Warum das? Warum jetzt? Wir wollen Ursache und Wirkung verstehen. Als die Menschen Jesus in Johannes 9 fragten, warum ein Mann blind geboren war, antwortete er sinngemäß „blickt nicht zurück für eine Ursache, sondern blickt nach vorn für einen Zweck." Wir bringen uns mehr mit Gottes Königreich und Seinen Zielen in Einklang, wenn wir fragen „Wie will Gott dies zum Wohle im Leben derer verwenden, die Ihn lieben?". „Warum?" kann ein Ausdruck der Hoffnungslosigkeit sein, weil wir wissen, dass wir es nie erfahren werden. „Wozu?" drückt Hoffnung und Vertrauen aus.

Was ist mit jenen, die nie gehört haben? (Teil I)

Viele mitfühlende Christen sorgen sich um jene, die nie das Evangelium gehört, die Bibel gelesen oder einen Missionar getroffen haben. Das Grundlegendste, was jemand erkennen muss, um gerettet zu werden, ist, dass er gebrochen ist und Gottes Vergebung und Heilung braucht. Gott spricht zu jedem auf unterschiedlichste Weise: durch die Bibel, das Gewissen, Träume, die Überführung durch den Heiligen Geist. Die Frage ist, wie die Menschen darauf antworten. Im Römerbrief 1 lesen wir, dass niemand eine Entschuldigung hat. Es ist dringlich, den Menschen mehr Gelegenheit zu geben, darauf zu antworten, durch Missionarsarbeit nah und fern. Ermutige zur Armut im Geiste.

Was ist mit jenen, die nie gehört haben? (Teil II)

Die Erkenntnis, dass wir Gott brauchen, ist essentiell für die Erlösung. Jeder, der dies erkennt und sich nach Gott ausstreckt, wird gerettet. Eine Bibel zu besitzen und das Evangelium zu hören reicht nicht aus. Gott kennt unterschiedliche Wege, die Menschen wissen zu lassen, dass sie Ihn brauchen: Die Bibel, andere Menschen, die Schöpfung, die zeigt wie inkonsistent und untreu wir sind, Überführung durch den Heiligen Geist. Gott hat keine Kontrolle über die Reaktion der Menschen. Manche weisen Ihn zurück, obwohl Gott allen sagt, dass sie Ihn brauchen. Es ist wichtig, dass sie von Gottes Wahrheit und Liebe durch Jesus Christus von uns hören.

Weisheit

Es war einmal ein sehr intelligenter, gebildeter und begabter Pfarrer. Er kannte die Bibel und konnte sie sehr gut unterrichten. Die Kirche zog großen Nutzen aus seiner Arbeit und seinem Dienst. Eines Tages hieß er eine ältere Frau in seiner Kirche willkommen. Sie war nicht sehr intelligent oder gebildet oder begabt. Sie verbrachte einen Großteil ihrer Zeit mit Gebet für Menschen und ermutigte und half ihnen, wo sie konnte. Im Laufe der Gemeinschaft mit dieser Frau wurde der Pfarrer Schritt für Schritt weiser durch ihr Vorbild und ihre Ermutigung. Intelligenz ist wertvoll, hat jedoch ohne Weisheit nicht den vollen Wert. Weisheit ohne Intelligenz hat vollen Wert. Wir lernen voneinander.

Wert und Verlangen

Verlangen erhöht den wahrgenommenen Wert sofort. Wo dein Herz ist, wird auch dein Schatz sein. Du wirst dich in das investieren, was du willst. Wir können dem natürlichen Verlangen folgen, das kommt und geht, oder wir können lernen das zu wünschen, was Gott sich für uns wünscht, und fest in Seiner Wahrheit und Liebe stehen. Wenn wir das wollen, was auch Gott will, werden all unser Verlangen und unsere Werte ihren richtigen Platz und ihre richtige Priorität finden. Für uns ist das unmöglich, aber wir können Gott bitten uns zu helfen, das zu wollen, was Er will, und er wird es tun. Verlange nach dem, wonach es Gott verlangt.

Wie wir wissen

Zu wissen, was Worte bedeuten und diese Bedeutung zu teilen ist essentiell, aber nicht das gleiche wie die Wahrheit zu kennen. Freunde zu kennen ist mehr als nur ihren Namen und seine jeweilige Bedeutung zu kennen. Wir wissen rational, experimentell, emotional, sozial und durch Offenbarung. Wenn wir von der Sprache zu viel erwarten, werden wir frustriert werden. Wenn wir das was wir sagen nicht ernstnehmen, werden wir schlampig und instabil. Sprache muss sorgfältig bewahrt werden und im Kontext anderer Erkenntnisquellen verwendet werden. All unsere Erkenntniswege sind begründet und bewahrt in der Tatsache, dass Gott uns kennt. Wissen beginnt mit Gott.

Wollen, was Gott will

Gott hat uns versprochen, dass wenn wir Ihn um das bitten, was er für uns will, Er es uns geben wird. Es ist klar, dass Gott will, dass wir und jeder andere in den Früchten des Geistes und den Werten der Bergpredigt wachsen und einander lieben. Es ist nicht klar, ob Gott will, dass wir geheilt werden, oder den Arbeitsplatz oder das Visum erhalten, oder die Prüfung bestehen. Was wissen wir noch aus der Bibel, das Gott für uns oder andere will? Bitte für das, was Gott will, und alles andere wird in die richtige Perspektive seines Königreichs gerückt.

Worte und Gefühle

Es war einmal ein Kind, das hatte über viele Dinge starke und verwirrende Gefühle. Niemand konnte seine Gefühle wirklich teilen, und es konnte sie nicht verständlich beschreiben. Dann half ihm jemand, Worte treu und klar zu verwenden, um sich auszudrücken und die eigenen Gefühle zu verstehen. Als die subjektiven Gefühle mit den stabilen Worten einen objektiven Partner hatten, wurden sie weniger verstörend und kontrollierend, sondern erfreulicher und nützlicher. Eine Ehe zwischen geheimnisvollen Gefühlen und klärenden Worten bringt ein Kind des Friedens für uns hervor. Wir können unsere Worte wählen, aber nicht unsere Gefühle.

Die Wünsche unseres Herzens

„Habe deine Lust am HERRN; der wird dir geben, was dein Herz wünscht" Ps. 37,4. „Wenn ich nur dich habe, so frage ich nichts nach Himmel und Erde" Ps. 73,25. Das ist eine große Verheißung. Es gibt viele Diskussionen darüber, welche Wünsche unseres Herzens Gott uns erfüllen wird. Der Text macht es offensichtlich. Was wir uns wünschen ist das, was uns Freude bereitet, also verspricht uns Gott Sich selbst. Wenn wir wenig bekommen und Gott haben, sind wir reich. Wenn wir viel bekommen und Gott nicht haben, sind wir arm. Schätze Gott.

Ziviler Ungehorsam

Ziviler Ungehorsam ist im Leben eines Christen eine Möglichkeit, jedoch ist er fragwürdig und erfordert vorsichtiges Abwägen. Für die Obrigkeit zu beten ist geboten und niemals fragwürdig. Wir können in jeder Situation durch Gebet militant aktiv werden und die Obrigkeit darüber informieren, dass wir derart hinter ihr stehen. Ziviler Ungehorsam ist manchmal angebracht. Es ist immer angebracht, für Gott Stellung zu beziehen indem man Ihn bittet, für uns Stellung zu beziehen. Das Beten kann unsere Handlungen anleiten und führen. Zu handeln anstatt zu beten ist immer ein Fehler. Priorisiere Gebet und das Segnen der Stadt.

Zorn und Paranoia

Viele von uns sind geplagt durch Anfälle von zornigen und paranoiden Gedanken und Gefühlen, die zur teilweise rational sind. Diese können unser Denken mit einer dunklen oder feurigen Wolke erfüllen, die unser Leben armselig und einsam macht. Diese Gedanken sind niemals liebevoll oder produktiv. Obwohl es sehr verlockend ist, diesen Gedanken nachzugeben und ihnen zu folgen, wäre das falsch. Es ist uns verboten, uns darüber Sorgen zu machen. Mit diesem Kampf könnten wir uns vollkommen erschöpfen. Warum nicht einfach stattdessen etwas tun? Bringe diese Gedanken zu Jesus und lass Ihn etwas damit tun. Er wird schützen, heilen, vergeben, trösten und dich annehmen. Probiere es aus. Gott segne dich.

Zufall

Gott hat die Funktion von Ursache und Wirkung in die Schöpfung eingebaut. Wir können Ursache und Wirkung nicht direkt beobachten oder vollkommen verstehen. Nach menschlicher Betrachtung geschehen viele Dinge durch Zufall insofern, als dass sie unvorhersehbar sind. Der Zufall ist kein Motivator oder Verursacher von Ereignissen. Ereignisse geschehen mittels Zufall und mittels Zeit, aber nicht aufgrund von Zufall oder Zeit. Wenn wir 10 x eine Münze werfen, erkennen wir vielleicht eine Tendenz zu Kopf oder Zahl. Nach einer gewissen Zeit des Münzwerfens verschwindet diese Tendenz. Nichts geschieht aus Zufall. Dinge geschehen durch den Willen Gottes und den Willen seiner persönlichen Geschöpfe.

Zwei Arten von Menschen

Es gibt auf der Erde nur zwei Arten von Menschen – diejenigen, die um ihre Bedürftigkeit für Gott wissen (die arm im Geiste sind), und diejenigen, die das nicht wissen (die reich im Geiste sind). Die Reichen verlassen sich auf sich selbst, ihre Karriere und Errungenschaften, ihre Gesellschaften und Traditionen, um daraus Identität und Bedeutung abzuleiten. Die Armen sind in Christus von Gott abhängig. Beide Gruppen beinhalten Wohlhabende und Arme, Attraktive und Unattraktive, Bewundernswerte und Verachtete, Religiöse und weniger Religiöse, Gesunde und Kranke, Schöne und Hässliche. Wir neigen dazu, anhand der äußeren Erscheinung und unseres Geschmackes zu urteilen. Gott sieht das Herz an. Sei arm im Geiste und lebe.

www.ingramcontent.com/pod-product-compliance
Lightning Source LLC
Chambersburg PA
CBHW050329120526
44592CB00014B/2106